AF205365

Impressum
Verlag: BABADADA GmbH, Nedderfeld 112 , 22529 Hamburg
Geschäftsführer / Verlagsleitung: Harald Hof
Druck: Books on Demand GmbH, In de Tarpen 42, 22848 Norderstedt

Imprint
Publisher: BABADADA GmbH, Nedderfeld 112 , 22529 Hamburg, Germany
Managing Director / Publishing direction: Harald Hof
Print: Books on Demand GmbH, In de Tarpen 42, 22848 Norderstedt, Germany

sekolah
Šola

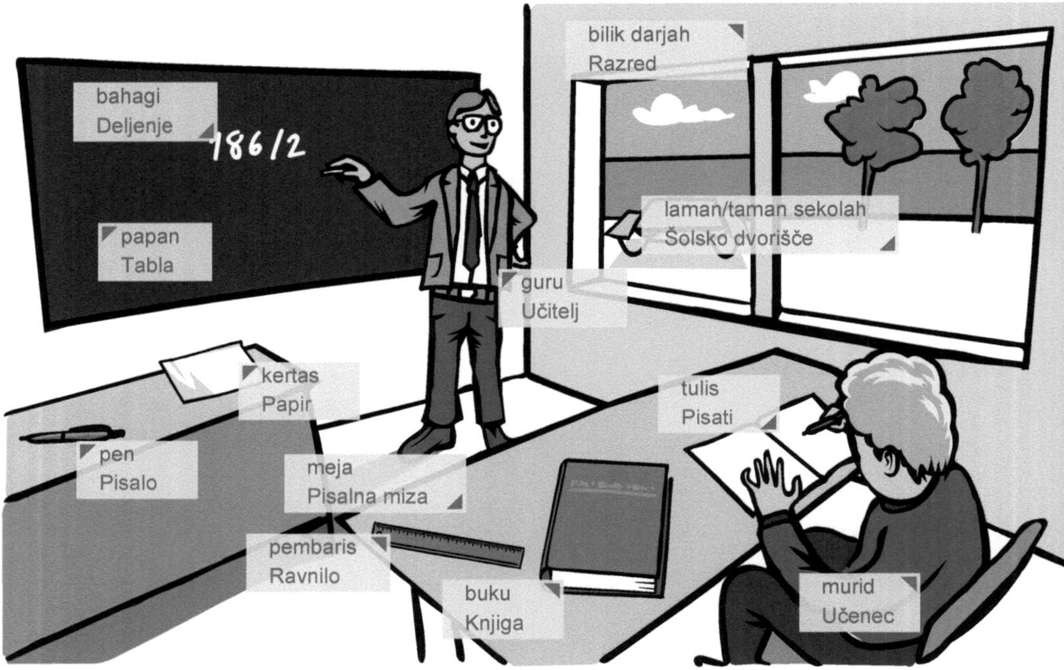

bilik darjah
Razred
bahagi
Deljenje
186/2
papan
Tabla
laman/taman sekolah
Šolsko dvorišče
guru
Učitelj
kertas
Papir
tulis
Pisati
pen
Pisalo
meja
Pisalna miza
pembaris
Ravnilo
buku
Knjiga
murid
Učenec

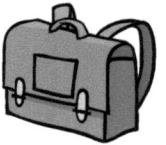

beg galas

Šolska torba

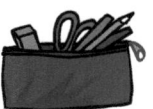

kotak pensel

Peresnica

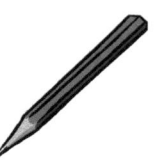

pensel

Svinčnik

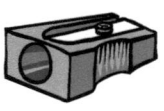

pengasah pensel

Šilček

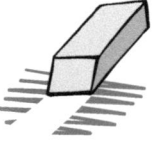

pemadam

Radirka

kertas lukisan

Risalni blok

melukis

Risba

berus lukis

Čopič

kotak warna

Vodene barvice

gunting

Škarje

gam

Lepilo

buku latihan

Zvezek

kerja rumah

Domača naloga

12

nombor

Število

2+2

tambah

Seštevanje

5-2

tolak

Odštevanje

2×2

darab

Množenje

kira

Računanje

A

huruf

Črka

ABCDEFG HIJKLMN OPQRSTU VWXYZ

abjad

Abeceda

hello

kata

Beseda

teks
....
Besedilo

baca
....
Brati

kapur
....
Kreda

pelajaran
....
Učna ura

daftar
....
Redovalnica

peperiksaan
....
Preizkus znanja

sijil
....
Spričevalo

uniform sekolah
....
Šolska uniforma

pendidikan
....
Izobrazba

ensiklopedia
....
Enciklopedija

universiti
....
Univerza

mikroskop
....
Mikroskop

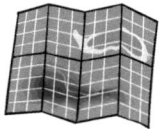

peta
....
Zemljevid

bakul sampah
....
Koš za smeti

berjalan
Potovanje

hotel
Hotel
asrama
Hostel
ROOMS
EXCHANGE
pejabat tukaran mata wang
Menjalnica
beg pakaian
Kovček
kereta
Avtomobil

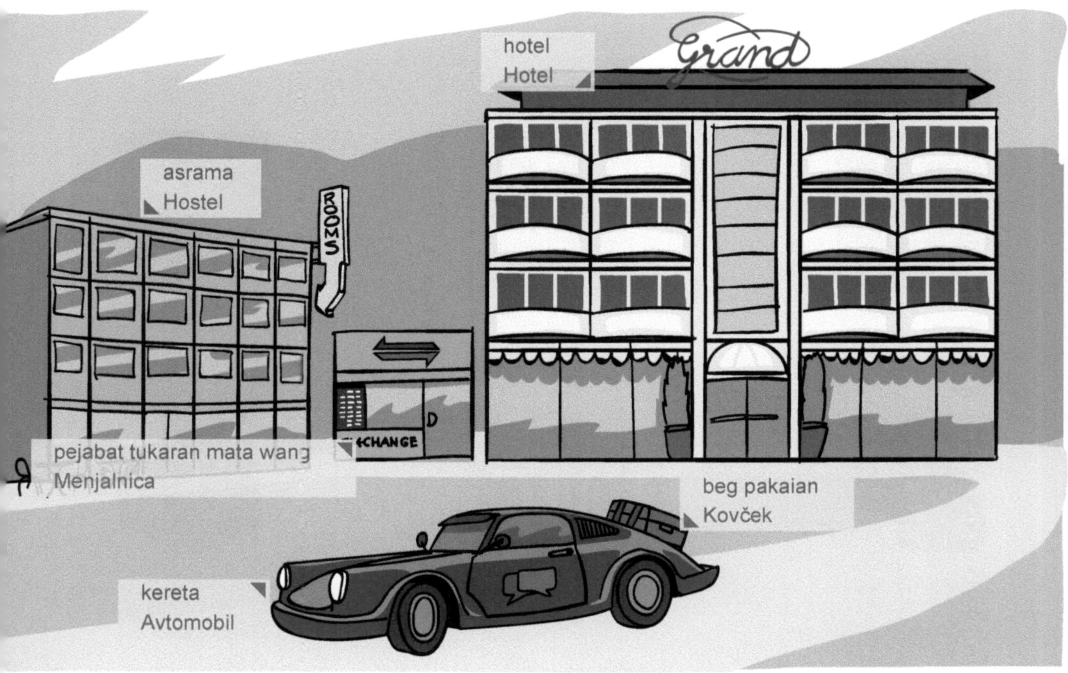

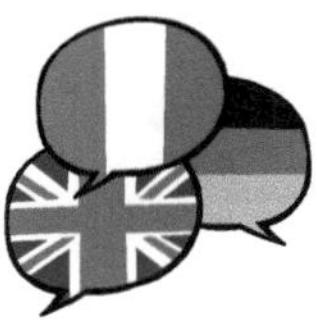

bahasa
Jezik

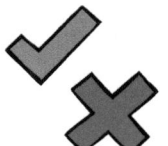

ya / tidak
da / ne

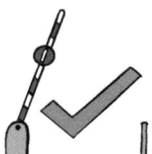

okey
Prav

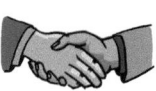

helo
Pozdravljeni

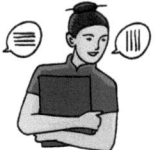

penterjemah
Prevajalec

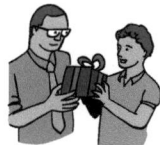

Terima kasih
Hvala

berapa banyak…?

Koliko stane…?

saya tidak faham

Ne razumem

masalah

Težava

Selamat petang!

Dober večer!

Selamat Pagi!

Dobro jutro!

Selamat Malam!

Lahko noč!

selamat tinggal

Nasvidenje

arah

Smer

bagasi

Prtljaga

beg

Torba

beg galas

Nahrbtnik

tetamu

Gost

bilik tidur

Soba

beg tidur

Spalna vreča

khemah

Šotor

maklumat pelancong

Turistične informacije

pantai

Plaža

kad kredit

Kreditna kartica

sarapan

Zajtrk

makan tengah hari

Kosilo

makan malam

Večerja

tiket

Vozovnica

lif

Dvigalo

setem

Znamka

sempadan

Meja

kastam

Carina

kedutaan

Veleposlaništvo

visa

Vizum

pasport

Potni list

pengangkutan
Prevoz

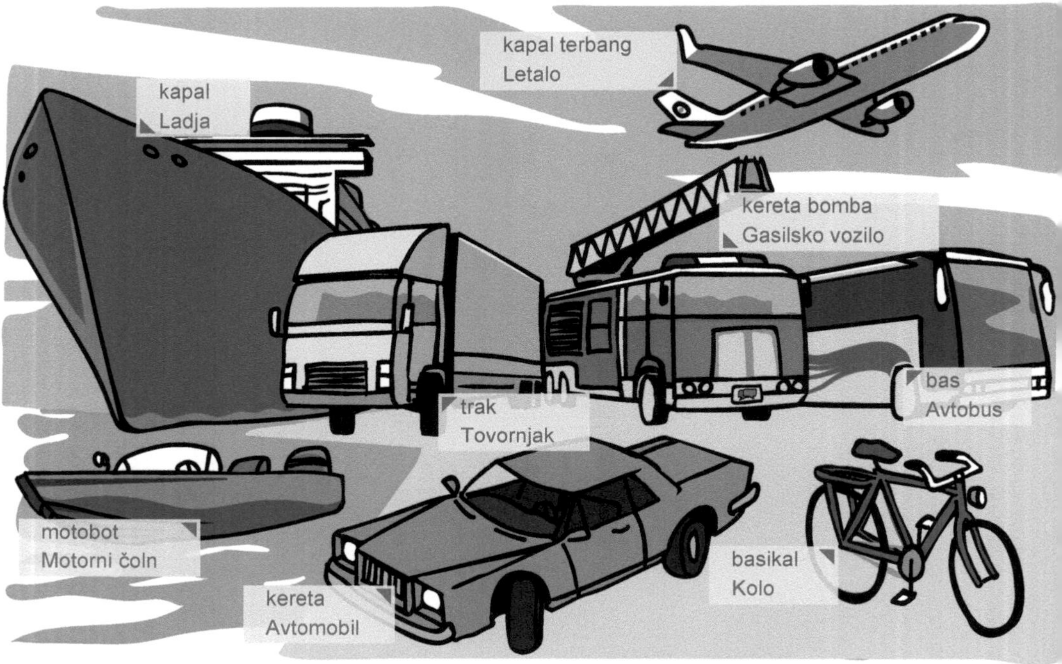

kapal terbang
Letalo
kapal
Ladja
kereta bomba
Gasilsko vozilo
bas
Avtobus
trak
Tovornjak
motobot
Motorni čoln
basikal
Kolo
kereta
Avtomobil

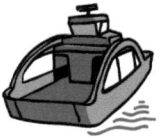

feri

Trajekt

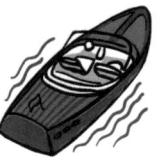

bot

Čoln

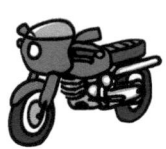

motosikal

Motorno kolo

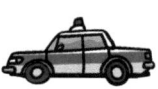

kereta polis

Policijski avto

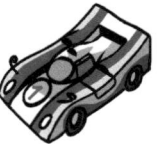

kereta lumba

Dirkalni avto

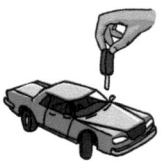

kereta sewa

Najeto vozilo

berkongsi kereta

Souporaba avtomobila

trak tunda

Avtovleka

trak menolak

Smetarsko vozilo

motor

Motor

bahan api

Gorivo

stesen minyak

Bencinska postaja

tanda trafik

Prometni znak

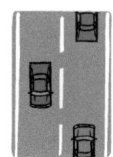

trafik

Promet

kesesakan lalu lintas

Zastoj

tempat parkir

Parkirišče

stesen kereta api

Železniška postaja

trek

Tirnice

kereta api

Vlak

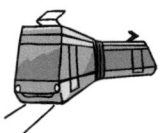

trem

Tramvaj

gerabak

Vagon

helikopter
Helikopter

lapangan terbang
Letališče

Menara
Stolp

penumpang
Potnik

bekas
Kontejner

kadbod
Karton

kart
Voziček

bakul
Košara

berlepas / mendarat
vzleteti / pristati

bandar
Mesto

kampung
Vas

pusat bandar
Mestno jedro

rumah
Hiša

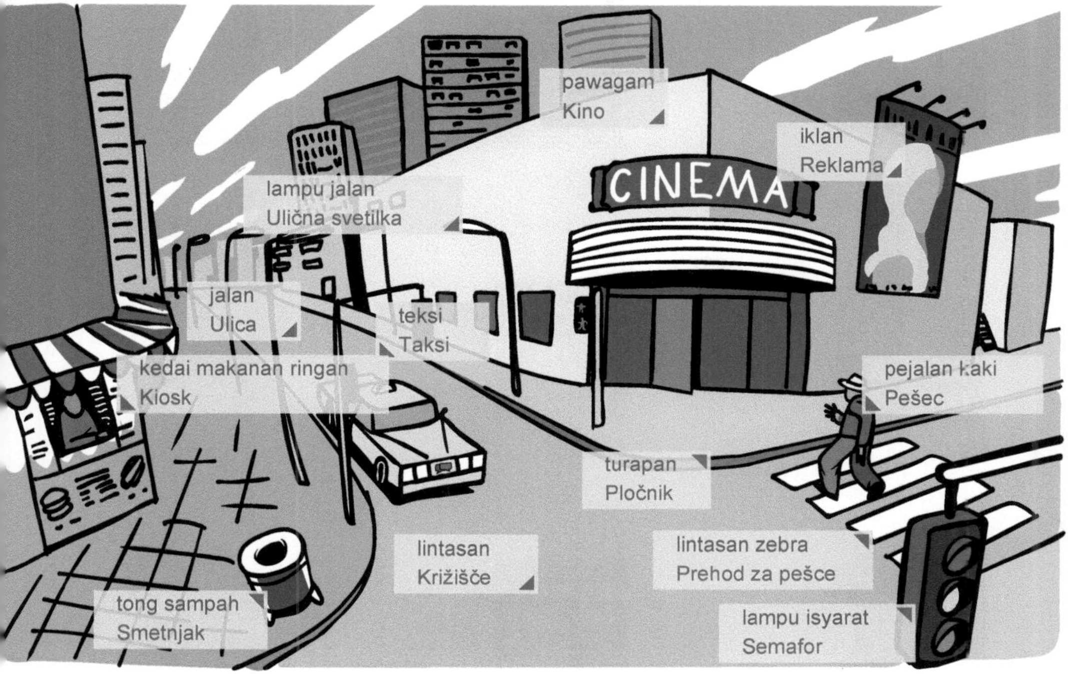

pawagam
Kino

iklan
Reklama

lampu jalan
Ulična svetilka

CINEMA

jalan
Ulica

teksi
Taksi

kedai makanan ringan
Kiosk

pejalan kaki
Pešec

turapan
Pločnik

lintasan
Križišče

lintasan zebra
Prehod za pešce

tong sampah
Smetnjak

lampu isyarat
Semafor

pondok

Koča

flat

Stanovanje

stesen kereta api

Železniška postaja

dewan bandar

Mestna hiša

muzium

Muzej

sekolah

Šola

universiti

Univerza

bank

Banka

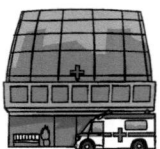

hospital

Bolnišnica

hotel

Hotel

farmasi

Lekarna

pejabat

Pisarna

kedai buku

Knjigarna

kedai

Trgovina

kedai bunga

Cvetličarna

pasar raya

Supermarket

pasaran

Tržnica

gedung

Veleblagovnica

penjual ikan

Ribarnica

pusat membeli-belah

Nakupovalno središče

pelabuhan

Pristanišče

taman

Park

bangku

Klop

jambatan

Most

tangga

Stopnice

bawah tanah

Podzemna železnica

terowong

Predor

hentian bas

Avtobusno postajališče

bar

Bar

restoran

Restavracija

peti surat

Poštni nabiralnik

papan tanda jalan

Ulična tabla

meter parkir

Parkirna ura

zoo

Živalski vrt

kolam renang

Kopališče

masjid

Mošeja

ladang
....
Kmetija

pencemaran
....
Onesnaževanje

tanah perkuburan
....
Pokopališče

gereja
....
Cerkev

taman permainan
....
Otroško igrišče

kuil
....
Tempelj

landskap
Pokrajina

daun
List

tiang tanda
Kažipot

jalan
Pot

padang rumput
Travnik

batu
Kamen

pejalan kaki
Pohodnik

pokok
Drevo

sungai
Reka

rumput
Trava

bunga
Cvetlica

lembah

Dolina

bukit

Hrib

tasik

Jezero

hutan

Gozd

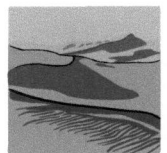

padang pasir

Puščava

gunung berapi

Vulkan

istana

Grad

pelangi

Mavrica

cendawan

Goba

pokok kelapa sawit

Palma

nyamuk

Komar

terbang

Muha

semut

Mravlja

lebah

Čebela

labah-labah

Pajek

kumbang

Hrošč

katak

Žaba

tupai

Veverica

landak

Jež

arnab

Zajec

burung hantu

Sova

burung

Ptič

angsa

Labod

babi jantan

Divji prašič

rusa

Jelen

moose

Los

empangan

Jez

turbin angin

Vetrnica

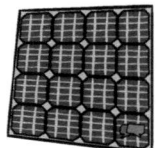

panel solar

Solarna plošča

iklim

Podnebje

restoran

Restavracija

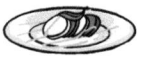

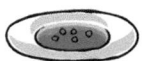

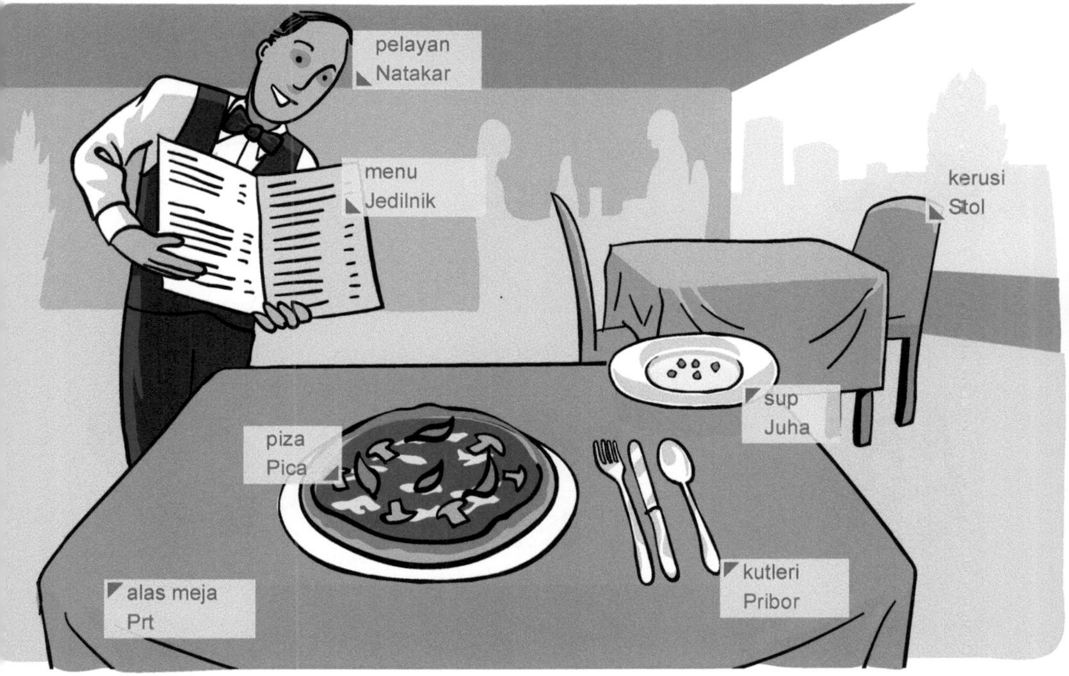
pelayan
Natakar
menu
Jedilnik
kerusi
Stol
sup
Juha
piza
Pica
kutleri
Pribor
alas meja
Prt

pemula

Predjed

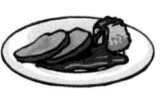

hidangan utama

Glavna jed

pencuci mulut

Sladica

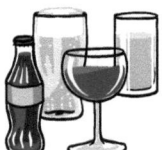

minuman

Pijače

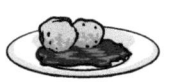

makanan

Hrana

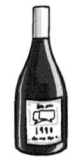

botol

Steklenica

makanan segera

Hitra hrana

makanan jalanan

Ulična hrana

teko

Čajnik

mangkuk gula

Sladkornica

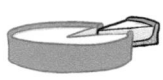

bahagian

Porcija

mesin espreso

Aparat za espresso

kerusi tinggi

Stolček za hranjenje

bil

Račun

dulang

Pladenj

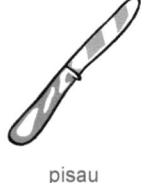

pisau

Nož

garfu

Vilica

sudu

Žlica

sudu teh

Čajna žlička

serviette

Servieta

gelas

Kozarec

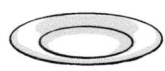

pinggan

Krožnik

mangkuk sup

Globoki krožnik

piring

Krožniček

sos

Omaka

tempat garam

Solnica

pengisar lada

Mlinček za poper

cuka

Kis

minyak

Olje

rempah

Začimbe

sos

Kečap

mustard

Gorčica

mayones

Majoneza

pasar raya
Supermarket

tawaran istimewa
Posebna ponudba
pelanggan
Stranka
tenusu
Mlečni izdelki
buah-buahan
Sadje
troli
Nakupovalni voziček

BUTCHERS

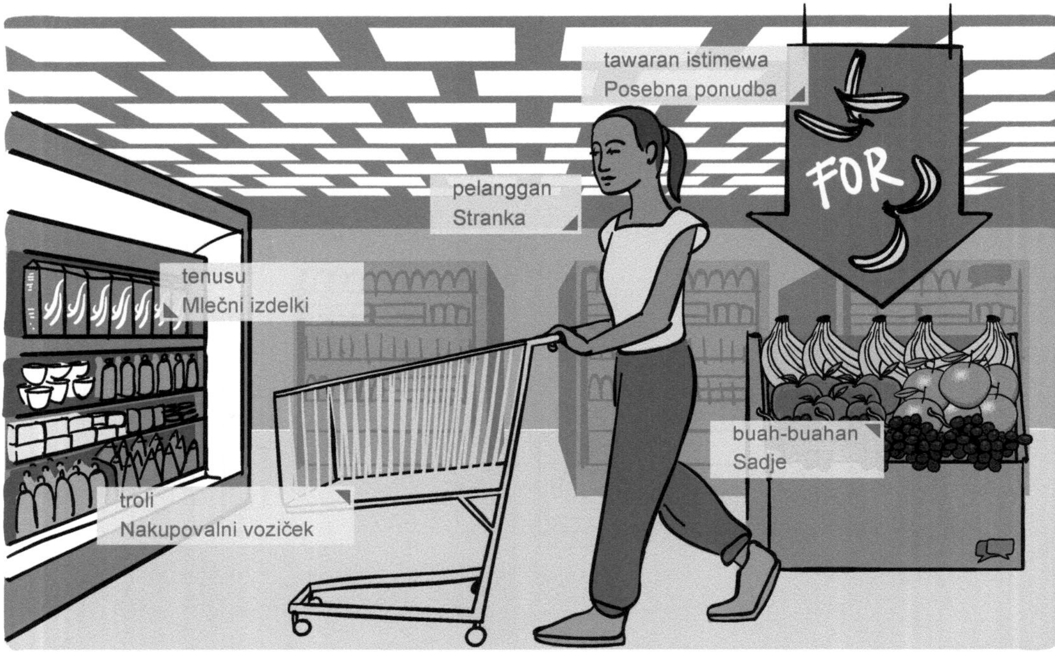

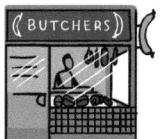

tukang daging

Mesnica

BAKERY

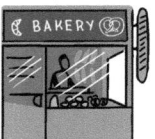

kedai roti

Pekarna

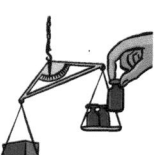

berat

Tehtati

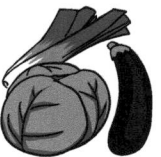

sayur-sayuran

Zelenjava

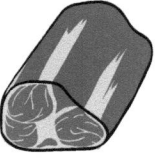

daging

Meso

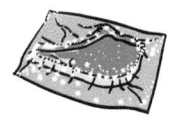

makanan sejuk beku

Zamrznjena hrana

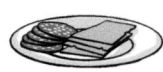

daging sejuk

Hladne mesnine

makanan dalam tin

Konzerve

serbuk pencuci

Pralni prašek

gula-gula

Sladkarije

produk isi rumah

Gospodinjski izdelki

produk pembersihan

Čistilno sredstvo

orang jualan

Prodajalka

daftar tunai

Blagajna

juruwang

Blagajnik

senarai membeli-belah

Nakupovalni seznam

waktu pembukaan

Delovni čas

beg duit

Denarnica

kad kredit

Kreditna kartica

beg

Torba

beg plastik

Plastična vrečka

Pijače

air
....
Voda

jus
....
Sok

susu
....
Mleko

kola
....
Kola

wain
....
Vino

bir
....
Pivo

alkohol
....
Alkohol

koko
....
Kakav

the
....
Čaj

kopi
....
Kava

espreso
....
Espresso

kapucino
....
Kapučino

pisang

Banana

epal

Jabolko

oren

Pomaranča

tembikai

Lubenica

lemon

Limona

lobak merah

Korenje

bawang putih

Česen

buluh

Bambus

bawang

Čebula

cendawan

Goba

kacang

Oreščki

mi

Rezanci

spageti

Špageti

nasi

Riž

salad

Solata

kerepek

Ocvrt krompirček

kentang goreng

Pečen krompir

piza

Pica

hamburger

Hamburger

sandwic

Sendvič

kutlet

Zrezek

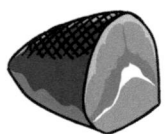

ham

Šunka

salami

Salama

sosej

Klobasa

ayam

Piščanec

panggang

Pečenka

ikan

Riba

bubur oat

Ovseni kosmiči

muesli

Musli

emping jagung

Koruzni kosmiči

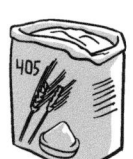

tepung

Moka

kroisan

Rogljiček

roti roll

Žemlja

roti

Kruh

roti bakar

Prepečenec

biskut

Piškoti

mentega

Maslo

dadih

Skuta

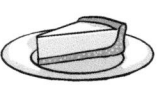

kek

Torta

telur

Jajce

telur goreng

Pečeno jajce na oko

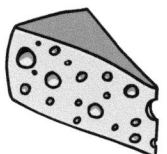

keju

Sir

ais krim

Sladoled

gula

Sladkor

madu

Med

jem

Marmelada

krim nougat

Čokoladni namaz

kari

Kari

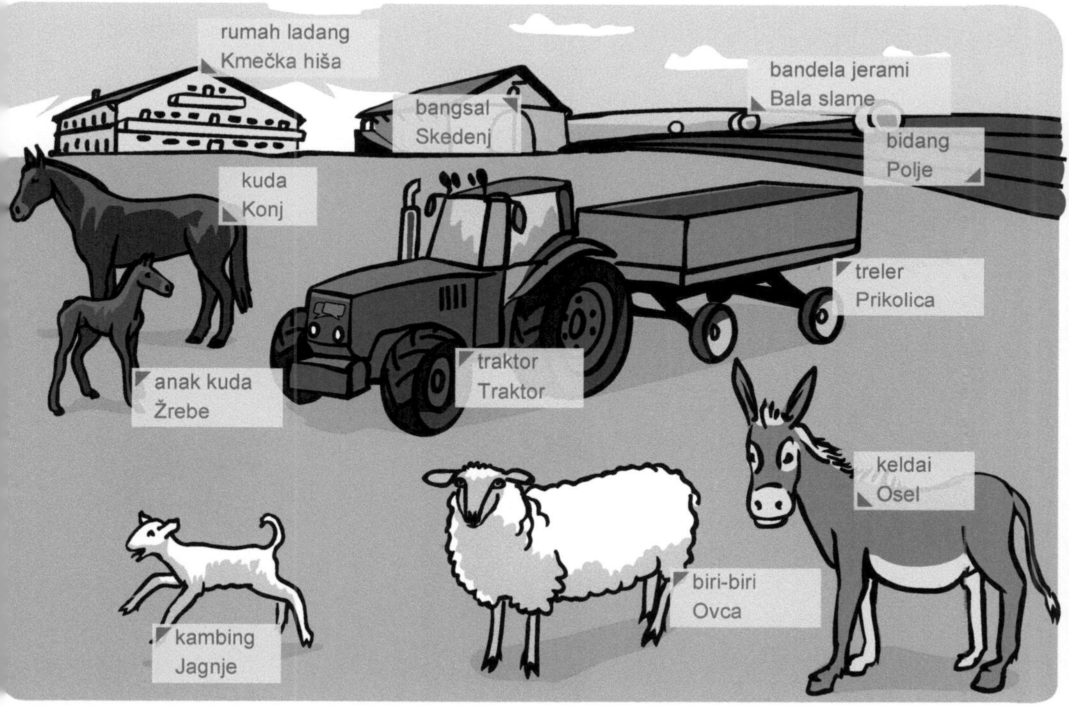

rumah ladang
Kmečka hiša

bandela jerami
Bala slame

bangsal
Skedenj

bidang
Polje

kuda
Konj

treler
Prikolica

anak kuda
Žrebe

traktor
Traktor

keldai
Osel

biri-biri
Ovca

kambing
Jagnje

kambing
....
Koza

lembu
....
Krava

anak lembu
....
Tele

babi
....
Prašič

anak babi
....
Pujsek

lembu
....
Bik

angsa

Gos

itik

Raca

anak ayam

Piščanec

ayam betina

Kokoš

ayam jantan muda

Petelin

tikus

Podgana

kucing

Mačka

tikus

Miš

lembu jantan

Vol

anjing

Pes

rumah anjing

Pasja uta

hos taman

Cev za zalivanje

bekas siraman

Kangla za zalivanje

sabit

Kosa

bajak

Plug

sabit

Srp

cangkul

Motika

serampang peladang

Vile

kapak

Sekira

kereta sorong

Samokolnica

palung

Korito

tin susu

Kangla za mleko

karung

Vreča

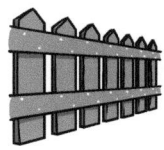

pagar

Ograja

stabil

Hlev

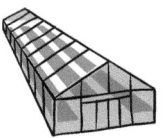

rumah hijau

Rastlinjak

tanah

Prst

benih

Seme

baja

Gnojilo

jentuai

Kombajn

tuai

Žeti

menuai

Žetev

keladi

Jam

gandum

Pšenica

soya

Soja

kentang

Krompir

jagung

Koruza

biji sawi

Oljna ogrščica

pokok buah-buahan

Sadno drevo

ubi kayu

Maniok

bijirin

Žito

rumah
Hiša

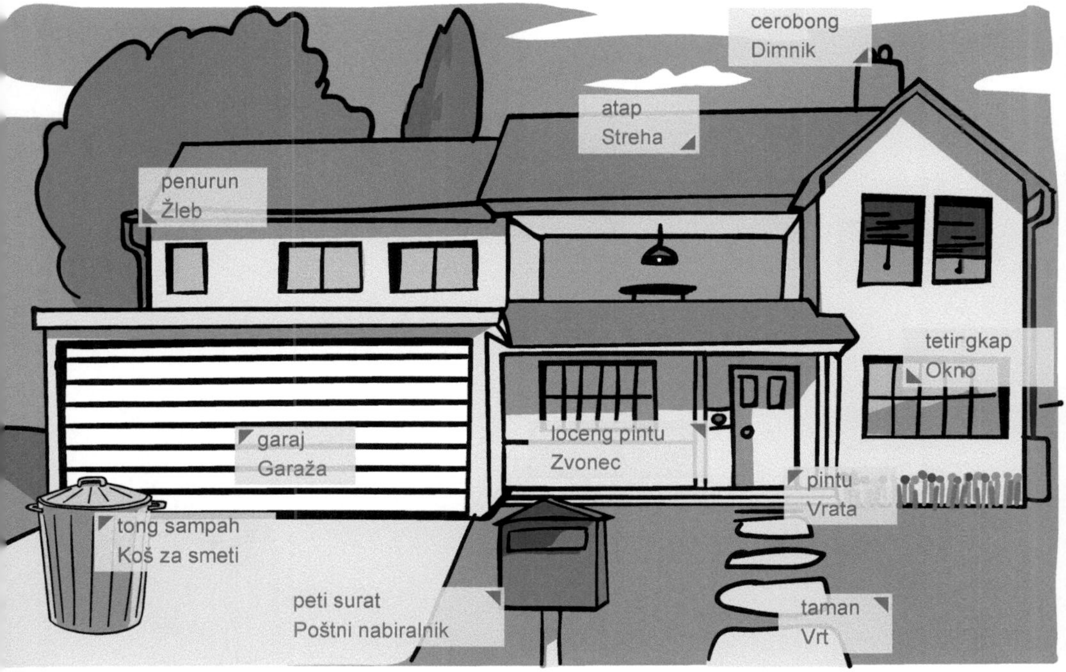
cerobong
Dimnik
atap
Streha
penurun
Žleb
tetingkap
Okno
garaj
Garaža
loceng pintu
Zvonec
pintu
Vrata
tong sampah
Koš za smeti
peti surat
Poštni nabiralnik
taman
Vrt

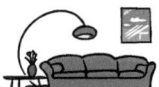

ruang tamu

Dnevna soba

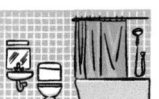

bilik air

Kopalnica

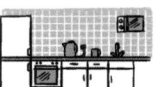

dapur

Kuhinja

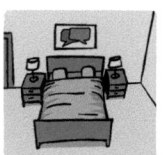

bilik tidur

Spalnica

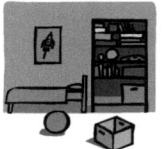

bilik kanak-kanak

Otroška soba

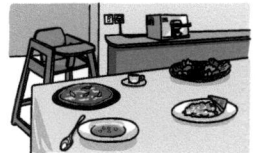

ruang makan

Jedilnica

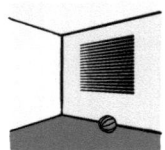

lantai

Tla

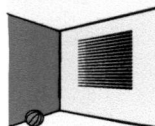

dinding

Stena

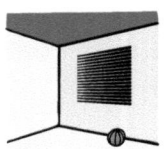

siling

Strop

bilik bawah tanah

Klet

sauna

Savna

balkoni

Balkon

teres

Terasa

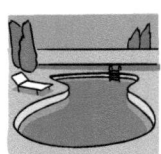

kolam renang

Bazen

pemotong rumput

Kosilnica

lembaran

Rjuha

penutup tilam

Posteljno pregrinjalo

katil

Postelja

penyapu

Metla

timba

Vedro

suis

Stikalo

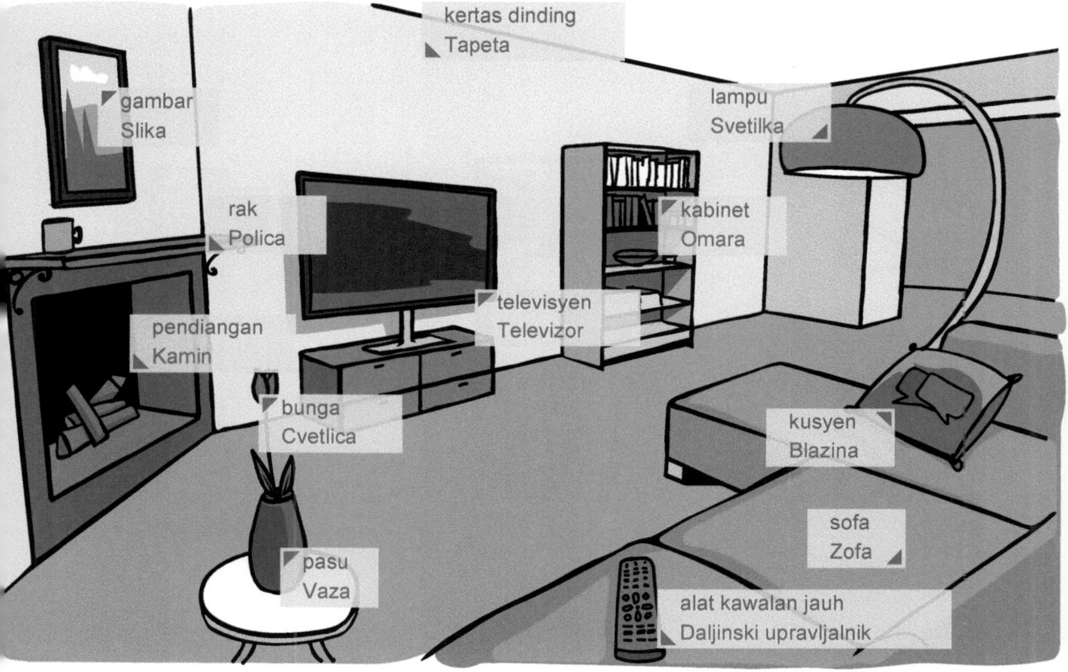

kertas dinding
Tapeta

gambar
Slika

lampu
Svetilka

rak
Polica

kabinet
Omara

pendiangan
Kamin

televisyen
Televizor

bunga
Cvetlica

kusyen
Blazina

sofa
Zofa

pasu
Vaza

alat kawalan jauh
Daljinski upravljalnik

permaidani
Preproga

tirai
Zavesa

meja
Miza

kerusi
Stol

kerusi malas
Gugalnik

kerusi
Naslanjač

buku

Knjiga

selimut

Odeja

hiasan

Dekoracija

kayu api

Drva

filem

Film

hi-fi

Glasbeni stolp

kunci

Ključ

akhbar

Časopis

lukisan

Slika

poster

Plakat

radio

Radio

buku catatan

Beležka

penyedut habuk

Sesalnik

kaktus

Kaktus

lilin

Sveča

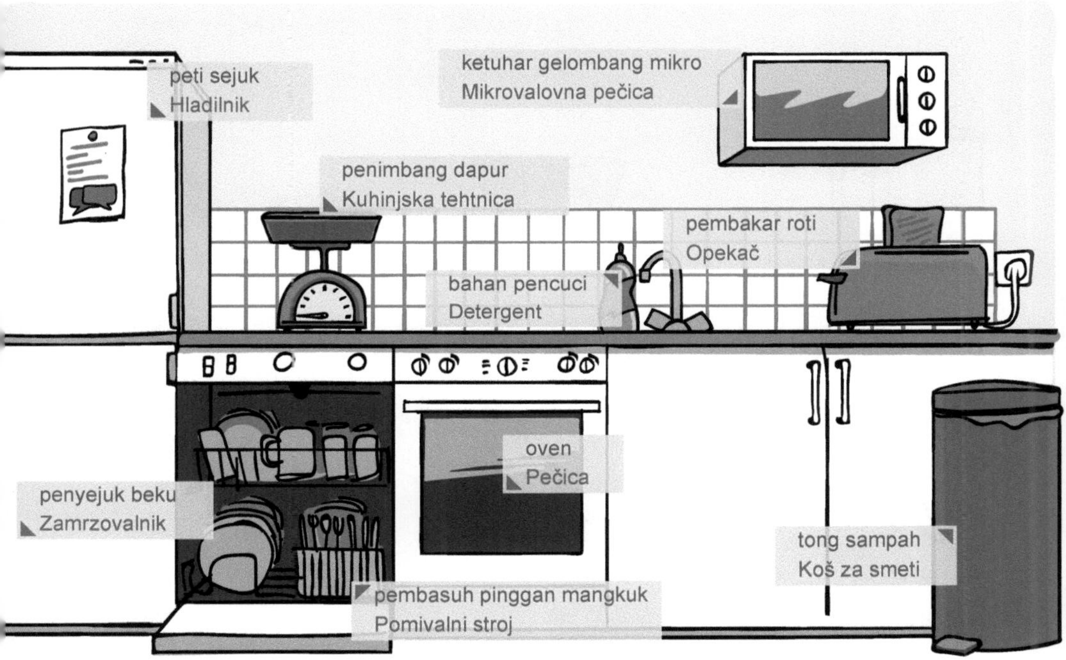

peti sejuk
Hladilnik

ketuhar gelombang mikro
Mikrovalovna pečica

penimbang dapur
Kuhinjska tehtnica

pembakar roti
Opekač

bahan pencuci
Detergent

oven
Pečica

penyejuk beku
Zamrzovalnik

tong sampah
Koš za smeti

pembasuh pinggan mangkuk
Pomivalni stroj

periuk dapur
Kozica

periuk
Lonec

periuk besi
Litoželezni lonec

kuali
Vok / kadai

pan
Ponev

cerek
Kotliček

pengukus

Parni kuhalnik

dulang pembakar

Pekač

pinggan mangkuk

Posoda

koleh

Skodelica

mangkuk

Skleda

penyepit

Jedilne paličice

senduk

Zajemalka

spatula

Lopatica

pengadun

Metlica

penapis

Cedilnik

ayak

Cedilo

pemarut

Strgalo

mortar

Možnar

barbeku

Žar

pembakaran terbuka

Ognjišče

papan pencincang

Deska za rezanje

pin golekan

Valjar

skru gabus

Odpirač za steklenice

tin

Pločevinka

pembuka tin

Odpirač za konzerve

pemegang periuk

Prijemalka za posodo

sinki

Korito

berus

Ščetka

span

Goba

pengisar

Mešalnik

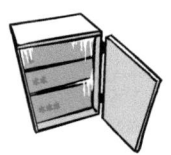

penyejuk beku

Zamrzovalna skrinja

botol bayi

Steklenička

paip

Pipa

bilik air
Kopalnica

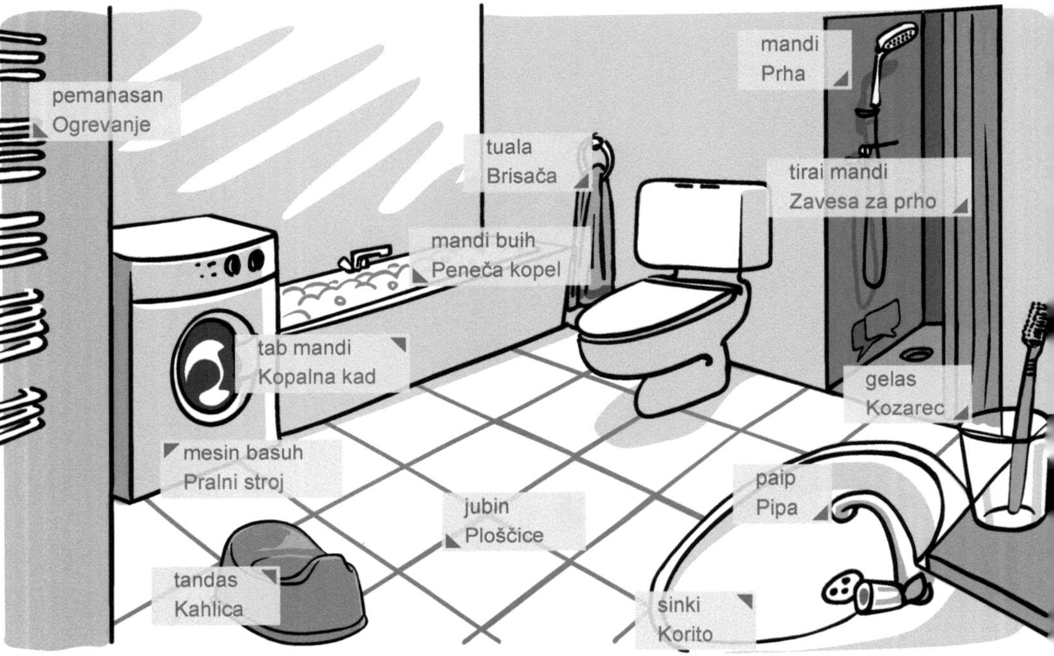

pemanasan
Ogrevanje
tuala
Brisača
mandi
Prha
tirai mandi
Zavesa za prho
mandi buih
Peneča kopel
tab mandi
Kopalna kad
gelas
Kozarec
mesin basuh
Pralni stroj
paip
Pipa
jubin
Ploščice
tandas
Kahlica
sinki
Korito

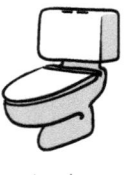

tandas

Stranišče

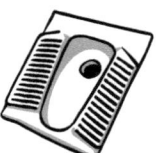

tandas mencangkung

Stranišče na počep

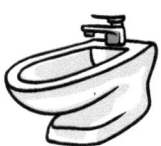

mangkuk tandas

Bide

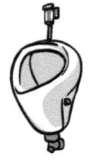

tandas awam

Pisoar

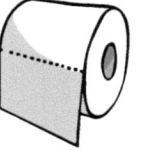

kertas tandas

Toaletni papir

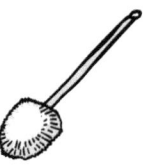

berus tandas

Ščetka za straniščno školjko

berus gigi

Zobna ščetka

ubat gigi

Zobna pasta

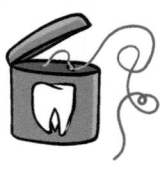

flos gigi

Zobna nitka

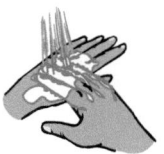

cuci

Umiti se

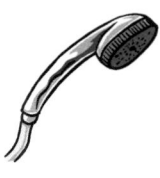

mandian tangan

Ročna prha

pancuran

Prha za intimne dele

besen

Umivalnik

belakang berus

Krtača za hrbet

sabun

Milo

gel mandian

Gel za prhanje

syampu

Šampon

flanel

Krpica za miljenje

longkang

Odtok

krim

Krema

deodoran

Deodorant

cermin

Ogledalo

cermin tangan

Ročno ogledalo

pisau cukur

Britvica

busa cukur

Pena za britje

selepas cukur

Vodica po britju

sikat

Glavnik

berus

Ščetka

pengering rambut

Sušilnik za lase

semburan rambut

Lak za lase

mekap

Ličila

gincu

Šminka

varnis kuku

Lak za nohte

bulu kapas

Vatirane blazinice

gunting kuku

Škarjice za nohte

pewangi

Parfum

beg basuhan

Toaletna torbica

bangku

Stol brez naslonjala

skala berat

Osebna tehtnica

jubah mandi

Kopalni plašč

sarung tangan getah

Gumijaste rokavice

kapas

Tampon

tuala wanita

Damski vložki

tandas kimia

Kemično stranišče

bilik kanak-kanak

Otroška soba

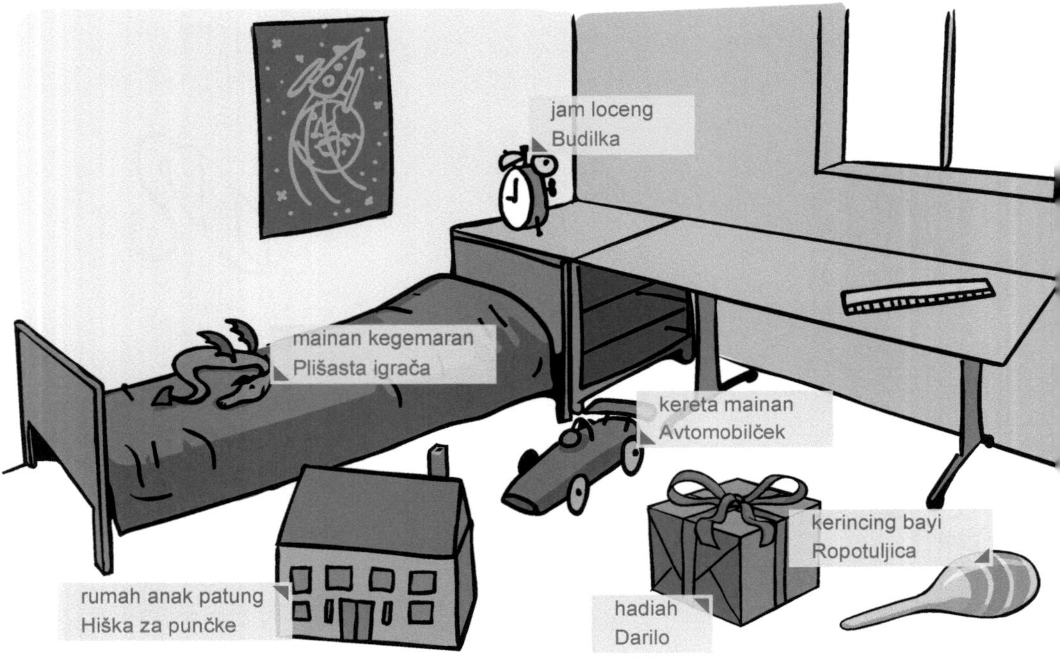

jam loceng
Budilka
mainan kegemaran
Plišasta igrača
kereta mainan
Avtomobilček
kerincing bayi
Ropotuljica
rumah anak patung
Hiška za punčke
hadiah
Darilo

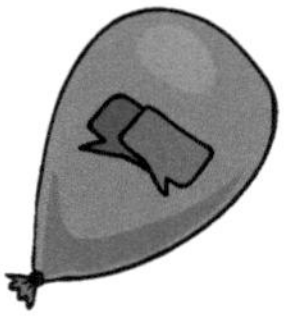

belon

Balon

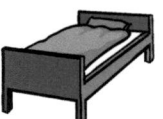

katil

Postelja

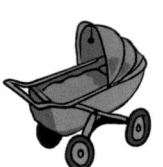

kereta sorong bayi

Otroški voziček

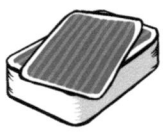

set kad

Igralne karte

susun suai gambar

Sestavljanka

SUPER MEGA

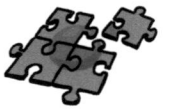

komik

Strip

batu bata lego

Lego kocke

blok mainan

Igralne kocke

figura aksi

Akcijska figura

baju bayi

Bodi

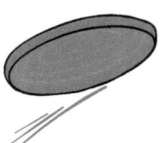

frisbee

Frizbi

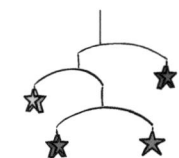

mainan bayi mudah alih

Vrtiljak za posteljico

permainan papan

Namizna igra

dadu

Kocka

set model kereta api

Komplet modelov vlakov

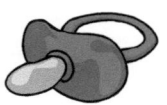

palsu

Duda

parti

Zabava

buku bergambar

Slikanica

bola

Žoga

anak patung

Lutka

main

Igrati se

lubang pasir

Peskovnik

buai

Gugalnica

mainan

Igrače

konsol permainan video

Igralna konzola

basikal roda tiga

Tricikel

anak patung beruang

Plišasti medvedek

almari pakaian

Garderoba

pakaian
Oblačilo

stoking

Nogavice

stoking

Samostoječe nogavice

ketat

Hlačne nogavice

skarf
Šal

g/keselamatan

payung
Dežnik

kemeja-t
Majica s kratkimi rokavi

kasut sukan
Športni copati

but
Škornji

selipar
Copati

sandal
....
Sandali

kasut
....
Čevlji

but getah
....
Gumijasti škornji

seluar dalam
....
Spodnje hlače

coli
....
Modrček

ves
....
Telovnik

badan
Bodi

Seluar panjang
Hlače

jean
Kavbojke

skirt
Krilo

blaus
Bluza

kemeja
Srajca

baju panas sarung
Pulover

sweater
Pletena jopica

blazer
Jopa

jaket
Jakna

kot
Plašč

baju hujan
Dežni plašč

kostum
Kostim

pakaian
Obleka

baju pengantin
Poročna obleka

sut

Obleka

baju tidur

Spalna srajca

baju tidur

Pižama

sari

Sari

skarf kepala

Naglavna ruta

serban

Turban

burqa

Burka

kaftan

Kaftan

abaya/jubah

Abaja

baju renang

Kopalke

seluar renang

Kopalne hlače

seluar pendek

Kratke hlače

sut balapan

Trenirka

apron

Predpasnik

sarung tangan

Rokavice

butang

Gumb

cermin mata

Očala

gelang tangan

Zapestnica

rantai leher

Verižica

cincin

Prstan

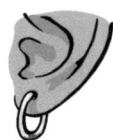

subang

Uhan

topi

Kapa

penyangkut kot

Obešalnik

topi

Klobuk

tali leher

Kravata

zip

Zadrga

topi keledar

Čelada

pendakap

Naramnice

uniform sekolah

Šolska uniforma

seragam

Uniforma

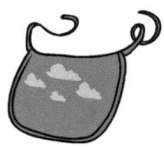

lapik dada

Slinček

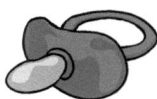

palsu

Duda

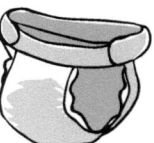

lampin

Plenica

pejabat
Pisarna

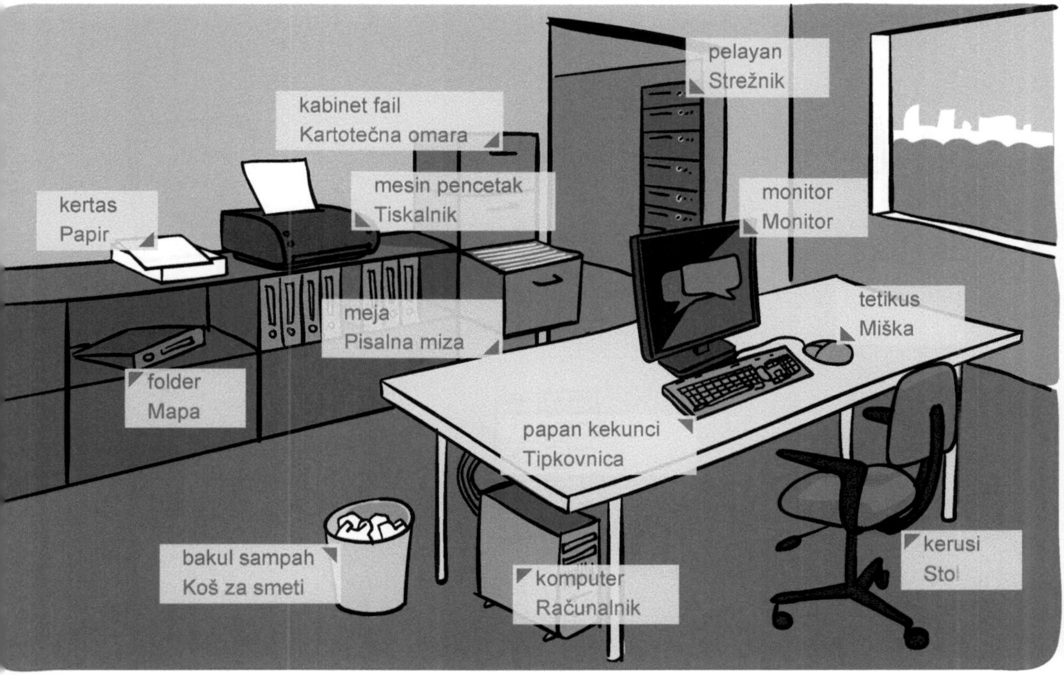
pelayan
Strežnik
kabinet fail
Kartotečna omara
mesin pencetak
Tiskalnik
kertas
Papir
monitor
Monitor
meja
Pisalna miza
tetikus
Miška
folder
Mapa
papan kekunci
Tipkovnica
kerusi
Stol
bakul sampah
Koš za smeti
komputer
Računalnik

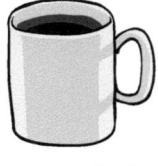

cawan kopi

Lonček za kavo

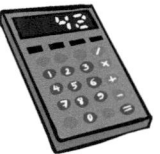

kalkulator

Kalkulator

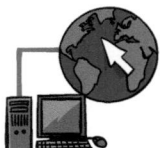

internet

Internet

komputer riba

Prenosnik

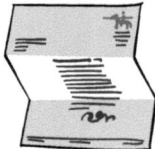

surat

Pismo

mesej

Sporočilo

mudah alih

Mobilnik

rangkaian

Omrežje

mesin fotokopi

Kopirni stroj

perisian

Programska oprema

telefon

Telefon

soket plag

Vtičnica

mesin faks

Telefaks

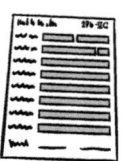

bentuk

Obrazec

dokumen

Dokument

beli
....
Kupiti

bayar
....
Plačati

berdagang
....
Trgovati

wang
....
Denar

dolar
....
Dolar

euro
....
Evro

yen
....
Jen

rubel
....
Rubelj

franc swiss
....
Švičarski frank

renminbi yuan
....
Kitajski juan renminbi

rupee
....
Rupija

mata tunai
....
Bankomat

pejabat tukaran mata wang

Menjalnica

emas

Zlato

perak

Srebro

minyak

Nafta

tenaga

Energija

harga

Cena

kontrak

Pogodba

cukai

Davek

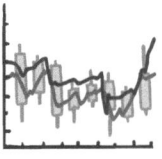

stok

Delnice

kerja

Delati

pekerja

Delojemalec

majikan

Delodajalec

kilang

Tovarna

kedai

Trgovina

ekonomi - Gospodarstvo

pegawai polis
Policist

ahli bomba
Gasilec

juruterbang
Pilot

tukang masak
Kuhar

doktor
Zdravnik

tukang kebun
Vrtnar

tukang kayu
Mizar

tukang jahit
Šivilja

hakim
Sodnik

ahli kimia
Kemik

pelakon
Igralec

pemandu bas

Voznik avtobusa

pemandu teksi

Taksist

nelayan

Ribič

wanita pencuci

Čistilka

kasau

Krovec

pelayan

Natakar

pemburu

Lovec

pelukis

Pleskar

bakeri

Pek

juruelektrik

Električar

pembangun

Gradbenik

jurutera

Inženir

penjual daging

Mesar

tukang paip

Vodovodni inštalater

posmen

Poštar

askar

Vojak

arkitek

Arhitekt

juruwang

Blagajnik

kedai bunga

Cvetličar

pendandan rambut

Frizer

konduktor

Sprevodnik

mekanik

Mehanik

kapten

Kapitan

doktor gigi

Zobozdravnik

ahli sains

Znanstvenik

tuhanku

Rabin

imam

Imam

sami

Menih

paderi

Duhovnik

alat
Orodje

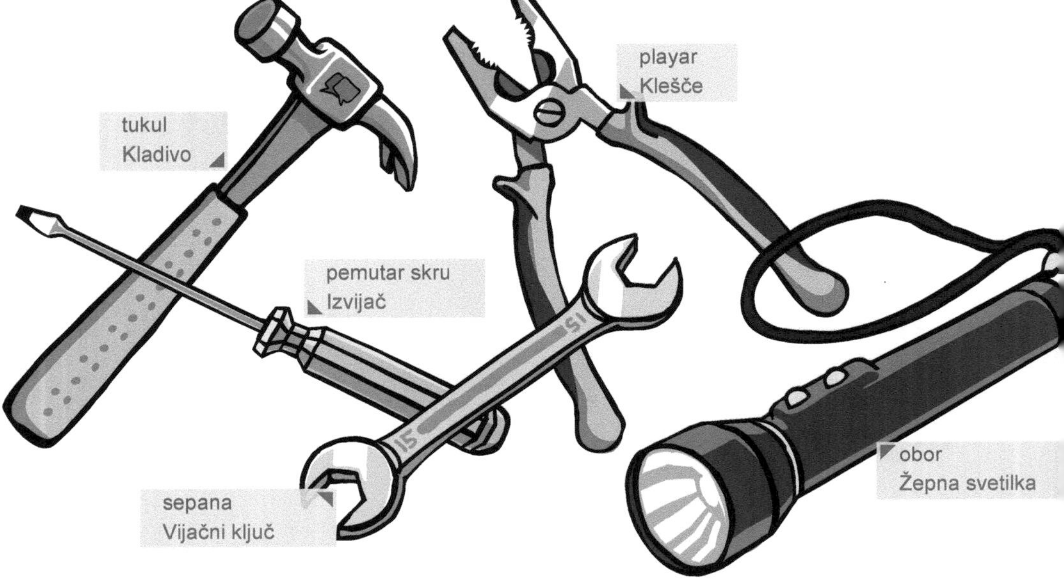
tukul
Kladivo
playar
Klešče
pemutar skru
Izvijač
sepana
Vijačni ključ
obor
Žepna svetilka

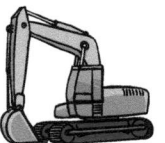

pengorek

Bager

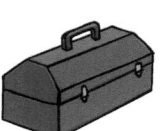

kotak peralatan

Zaboj z orodjem

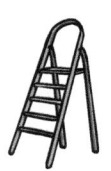

tangga

Lestev

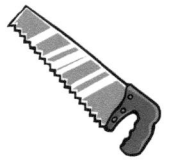

gergaji

Žaga

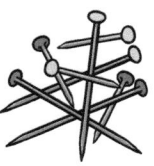

kuku

Žeblji

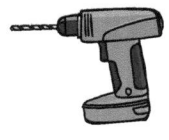

gerudi

Vrtalnik

baiki

Popraviti

penyodok

Lopata

Celaka!

Šment!

penadah sampah

Smetišnica

periuk cat

Posoda z barvo

skru

Vijaki

alat muzik

Glasbeni instrument

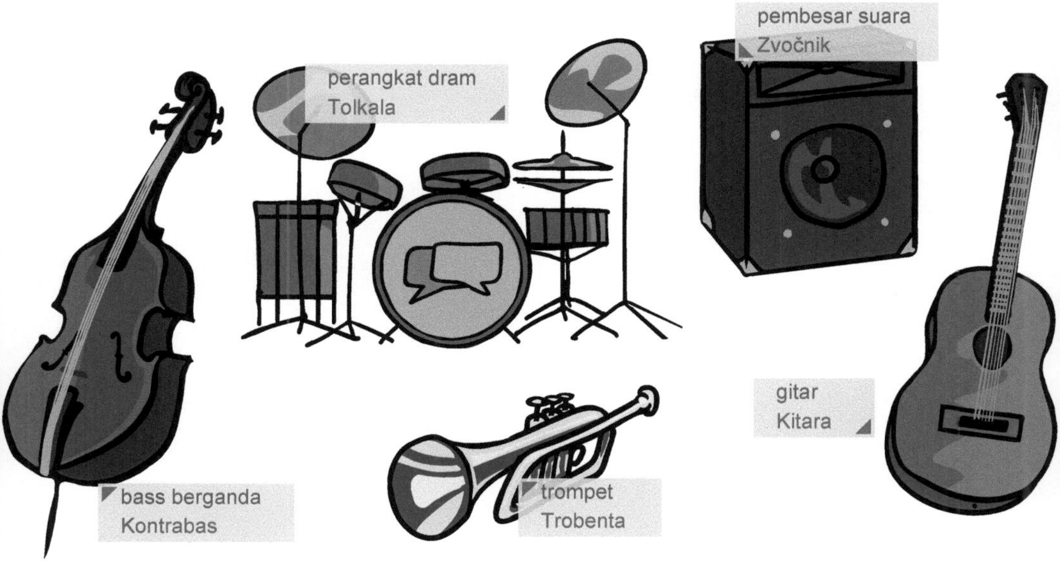

perangkat dram
Tolkala

pembesar suara
Zvočnik

bass berganda
Kontrabas

trompet
Trobenta

gitar
Kitara

piano
Klavir

biola
Violina

bass
Bas kitara

timpani
Pavke

dram
Bobni

papan kekunci
Sintetizator

saksofon
Saksofon

seruling
Flavta

mikrofon
Mikrofon

ZOO
Živalski vrt

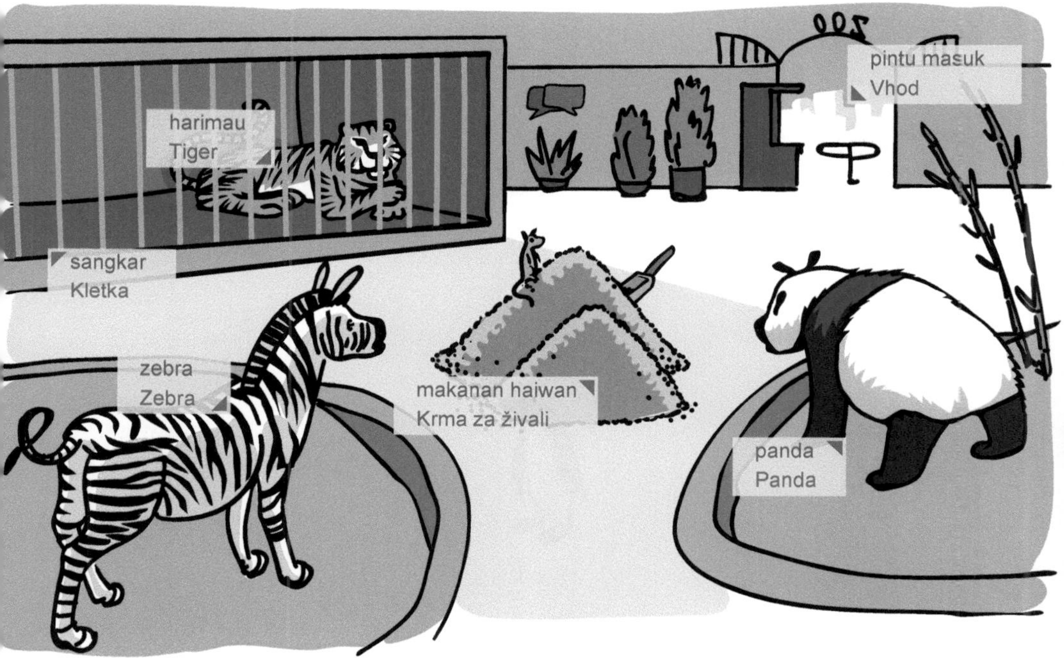

pintu masuk
Vhod
harimau
Tiger
sangkar
Kletka
zebra
Zebra
makanan haiwan
Krma za živali
panda
Panda

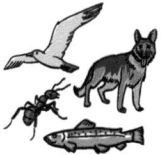

haiwan
Živali

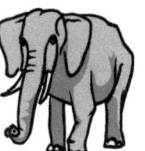

gajah
Slon

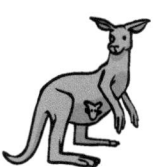

kanggaru
Kenguru

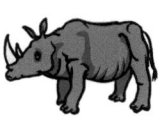

badak sumbu
Nosorog

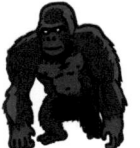

gorila
Gorila

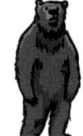

beruang
Medved

unta

Kamela

burung unta

Noj

singa

Lev

monyet

Opica

flamingo

Plamenec

nuri

Papagaj

beruang kutub

Severni medved

penguin

Pingvin

yu

Morski pes

merak

Pav

ular

Kača

buaya

Krokodil

penjaga zoo

Oskrbnik v živalskem vrtu

anjing laut

Tjulenj

jaguar

Jaguar

kuda

Poni

harimau

Leopard

badak air

Povodni konj

zirafah

Žirafa

helang

Orel

babi jantan

Divji prašič

ikan

Riba

penyu

Želva

anjing laut

Mrož

musang

Lisica

rusa

Gazela

bola sepak Amerika
Ameriški nogomet

berbasikal
Kolesarjenje

tenis
Tenis

bola keranjang
Košarka

renang
Plavanje

hoki ais
Hokej

tinju
Boks

bola sepak
Nogomet

badminton
Badminton

olahraga
Atletika

bola baling
Rokomet

ski
Smučanje

polo
Polo

lompat
Skočiti

ketawa
Smejati se

peluk
Objeti

berjalan
Hoditi

menyanyi
Peti

mimpi
Sanjati

berdoa
Moliti

cium
Poljubiti

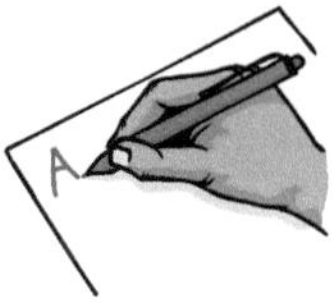

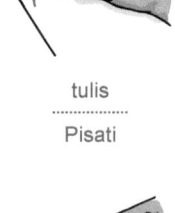

tulis
Pisati

lukis
Risati

tunjuk
Pokazati

tolak
Potisniti

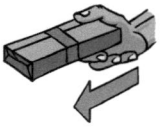

beri
Dati

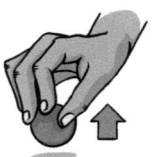

ambil
Vzeti

ada
....
Imeti

buat
....
Narediti

ialah
....
Biti

berdiri
....
Stati

lari
....
Teči

tarik
....
Vleči

buang
....
Vreči

jatuh
....
Pasti

tipu
....
Ležati

tunggu
....
Čakati

bawa
....
Nositi

duduk
....
Sedeti

pakai
....
Obleči se

tidur
....
Spati

bangkit
....
Zbuditi se

lihat pada

Gledati

menangis

Jokati

strok

Božati

sikat

Česati se

cakap

Govoriti

faham

Razumeti

tanya

Vprašati

dengar

Poslušati

minum

Piti

makan

Jesti

mengemas

Pospraviti

sayang

Ljubiti

masak

Kuhati

pandu

Voziti

terbang

Leteti

belayar

Jadrati

kira

Računanje

baca

Brati

belajar

Učiti se

kerja

Delati

nikah

Poročiti se

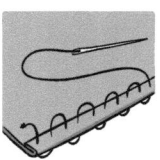

jahit

Šivati

memberus gigi

Ščetkati si zobe

bunuh

Ubiti

asap

Kaditi

hantar

Poslati

66   aktiviti - Dejavnosti

nenek
Stara mati

datuk
Stari oče

bapa
Oče

ibu
Mati

bayi
Dojenček

anak perempuan
Hči

anak lelaki
Sin

tetamu

Gost

mak cik

Teta

pak cik

Stric

abang

Brat

kakak

Sestra

badan

Telo

dahi
Čelo
mata
Oko
bahu
Rama
jari
Prst
muka
Obraz
dagu
Brada
tangan
Dlan
kaki
Noga
dada
Prsi
lengan
Roka

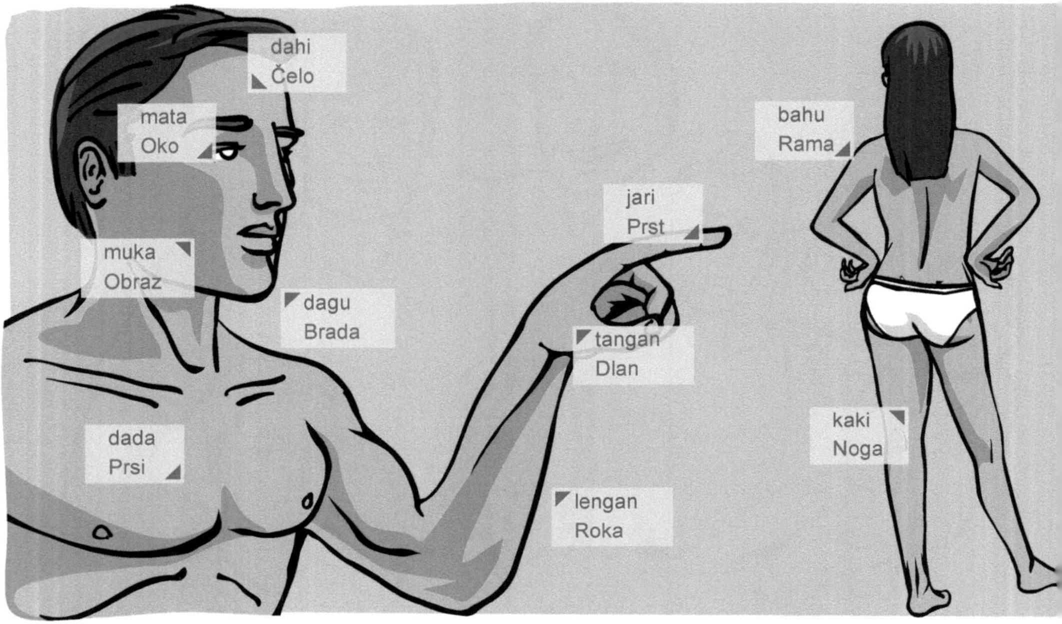

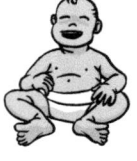

bayi

Dojenček

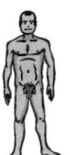

lelaki

Človek

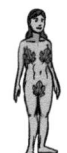

wanita

Ženska

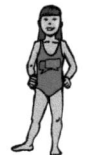

perempuan

Dekle

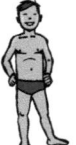

lelaki

Fant

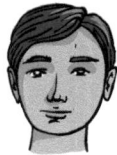

kepala

Glava

belakang

Hrbet

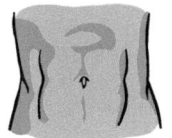

bawah perut

Trebuh

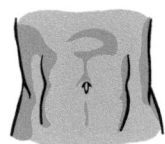

pusat

Popek

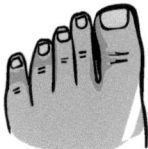

jari kaki

Prst na nogi

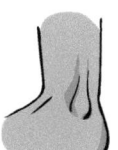

tumit

Peta

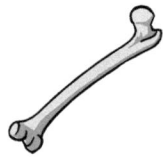

tulang

Kost

pinggul

Kolk

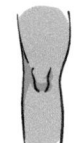

lutut

Koleno

siku

Komolec

hidung

Nos

bawah

Zadnjica

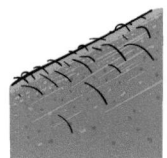

kulit

Koža

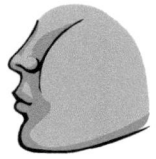

pipi

Lice

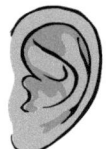

telinga

Uho

bibir

Ustnica

mulut
Usta

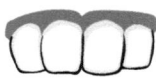

gigi
Zob

lidah
Jezik

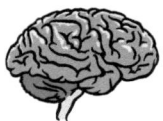

otak
Možgani

hati
Srce

otot
Mišica

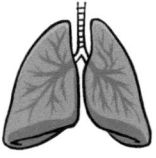

paru-paru
Pljuča

hati
Jetra

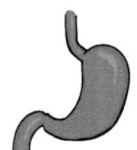

perut
Želodec

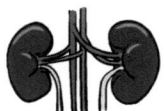

buah pinggang
Ledvice

seks
Spolni odnos

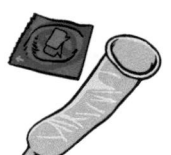

kondom
Kondom

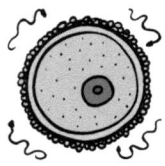

faraj
Jajčece

mani
Semenska tekočina

mengandung
Nosečnost

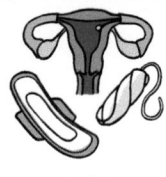

haid

Menstruacija

faraj

Vagina

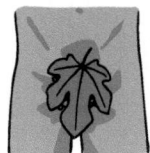

penis

Penis

kening

Obrv

rambut

Lasje

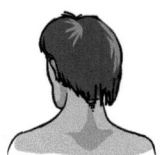

leher

Vrat

hospital
Bolnišnica

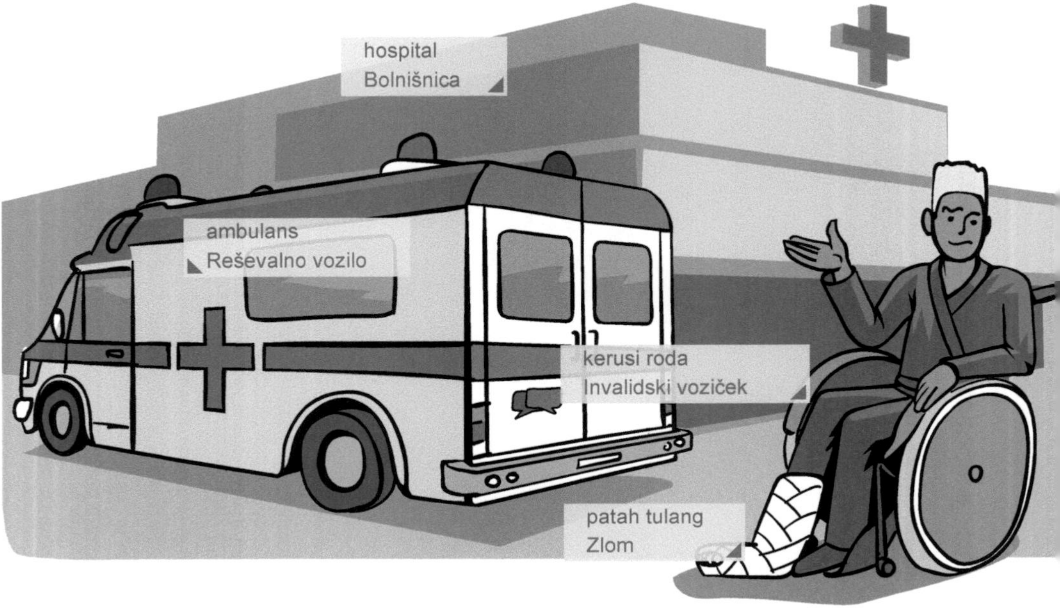

hospital
Bolnišnica
ambulans
Reševalno vozilo
kerusi roda
Invalidski voziček
patah tulang
Zlom

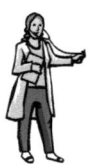

doktor

Zdravnik

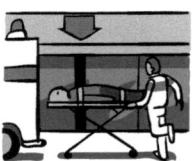

bilik kecemasan

Urgenca

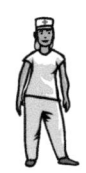

jururawat

Medicinska sestra

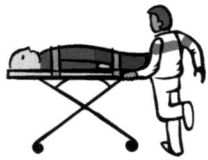

kecemasan

Nujni primer

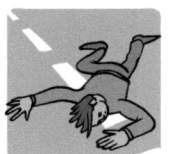

tak sedar

Nezavesten

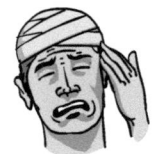

sakit

Bolečina

kecederaan

Poškodba

pendarahan

Krvavenje

serangan jantung

Srčni infarkt

strok

Kap

alergi

Alergija

batuk

Kašelj

demam

Vročina

selesema

Gripa

cirit-birit

Driska

sakit kepala

Glavobol

kanser

Rak

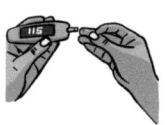

diabetes

Sladkorna bolezen

pakar bedah

Kirurg

pisau bedah

Skalpel

pembedahan

Operacija

CT

CT

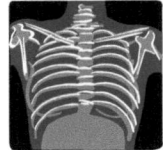

x-ray

Rentgen

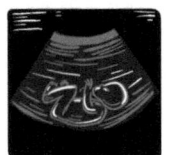

ultrabunyi

Ultrazvok

topeng muka

Obrazna maska

penyakit

Bolezen

bilik menunggu

Čakalnica

penongkat

Bergla

plaster

Obliž

pembalut

Preveza

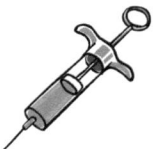

suntikan

Injekcija

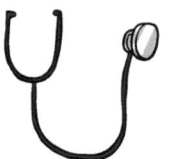

stetoskop

Stetoskop

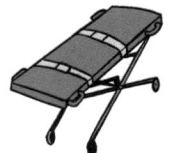

pengusung

Nosila

termometer klinik

Klinični termometer

kelahiran

Porod

berat badan berlebihan

Prekomerna teža

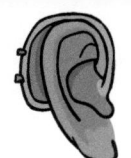

alat pendengaran

Slušni pripomoček

disinfektan

Razkužilo

jangkitan

Okužba

virus

Virus

HIV / AIDS

HIV / AIDS

perubatan

Medicina

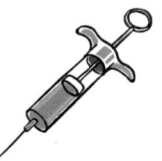

vaksinasi

Cepljenje

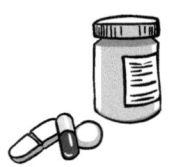

tablet

Tablete

pil

Tableta

panggilan kecemasan

Klic v sili

pantau tekanan darah

Merilnik krvnega tlaka

sakit / sihat

bolano / zdravo

Tolong!

Na pomoč!

penggera

Alarm

serang

Napad

serangan

Napad

bahaya

Nevarnost

pintu kecemasan

Izhod v sili

Api!

Gori!

alat pemadam api

Gasilni aparat

kemalangan

Nezgoda

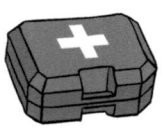

alat pertolongan cemas

Komplet za prvo pomoč

SOS

SOS

polis

Policija

Eropah

Evropa

Amerika Utara

Severna Amerika

Amerika Selatan

Južna Amerika

Afrika

Afrika

Asia

Azija

Australia

Avstralija

Atlantic

Atlantski ocean

Pasifik

Tihi ocean

Lautan Hindi

Indijski ocean

Lautan Antartik

Južni ocean

Lautan Artik

Arktični ocean

Kutub utara

Severni tečaj

Kutub Selatan

Južni tečaj

Antartika

Antarktika

bumi

Zemlja

tanah

Kopno

laut

Morje

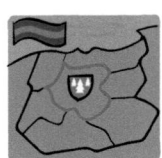

pulau

Otok

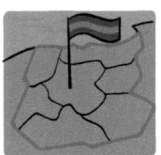

negara

Narod

negeri

Država

muka jam

Števílčnica

tangan jam

Urni kazalec

tangan minit

Minutni kazalec

terpakai

Sekundni kazalec

Jam berapa sekarang

Koliko je ura?

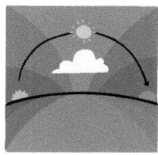

hari

Dan

masa

Čas

sekarang

Zdaj

jam digital

Digitalna ura

minit

Minuta

jam

Ura

minggu
Teden

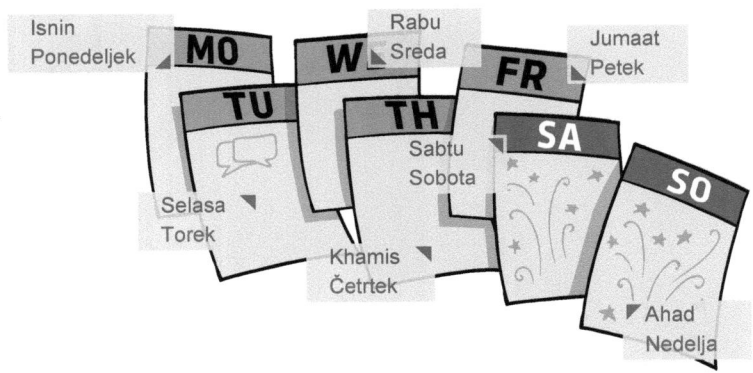

Isnin
Ponedeljek

Rabu
Sreda

Jumaat
Petek

Selasa
Torek

Khamis
Četrtek

Sabtu
Sobota

Ahad
Nedelja

semalam

Včeraj

hari ini

Danes

esok

Jutri

pagi

Jutro

tengah hari

Poldne

petang

Večer

MO	TU	WE	TH	FR	SA	SU
1	2	3	4	5	6	7
8	9	10	11	12	13	14
15	16	17	18	19	20	21
22	23	24	25	26	27	28
29	30	31	1	2	3	4

hari kerja

Delovni dnevi

MO	TU	WE	TH	FR	SA	SU
1	2	3	4	5	6	7
8	9	10	11	12	13	14
15	16	17	18	19	20	21
22	23	24	25	26	27	28
29	30	31	1	2	3	4

hari minggu

Konec tedna

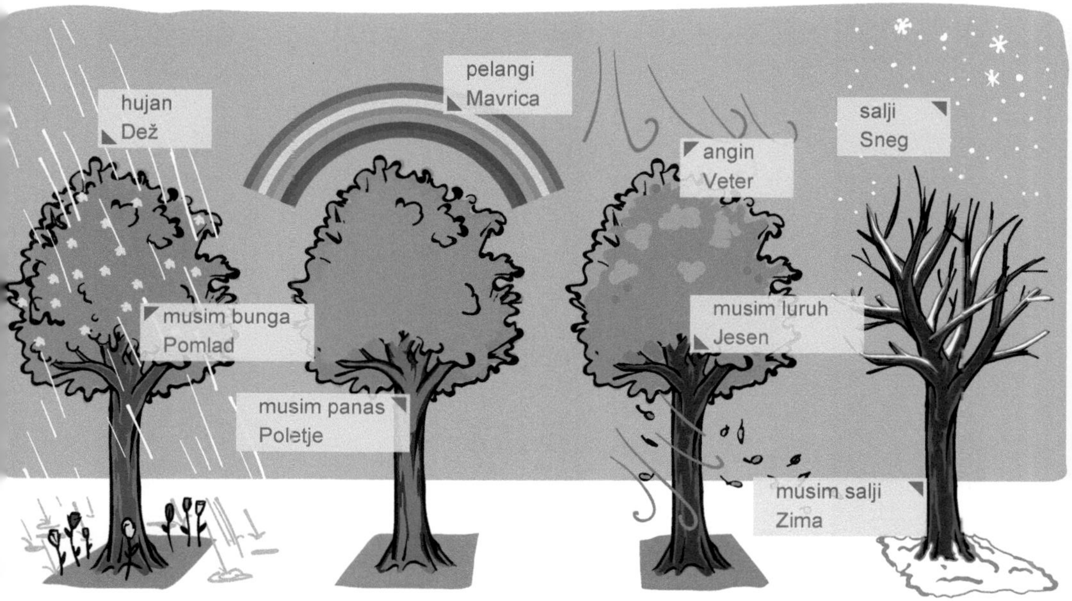

hujan
Dež
pelangi
Mavrica
angin
Veter
salji
Sneg
musim bunga
Pomlad
musim luruh
Jesen
musim panas
Poletje
musim salji
Zima

4.APRIL 11°
5.APRIL 4°
6.APRIL 13°
7.APRIL 8°
8.APRIL 10°

ramalan cuaca
Vremenska napoved

F C
120 40
90 30
60 20
30 10
0 0
-30 -10
-20

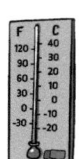

termometer
Termometer

sinar matahari
Sončna svetloba

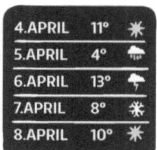

awan
Oblak

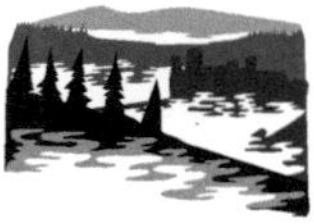

kabus
Megla

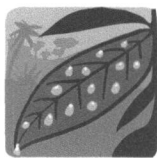

lembapan
Vlažnost

kilat

Strela

petir

Grom

ribut

Nevihta

hujan batu

Toča

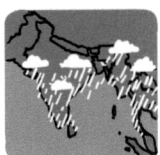

monsun

Monsun

banjir

Poplava

ais

Led

Januari

Januar

Februari

Februar

Mac

Marec

April

April

Mei

Maj

Jun

Junij

Julai

Julij

Ogos

Avgust

September
September

Oktober
Oktober

November
November

Disember
December

bulatan
Krogla

petak
Kvadrat

segi empat tepat
Pravokotnik

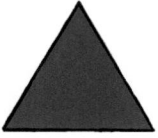

segitiga
Trikotnik

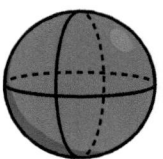

sfera
Krogla

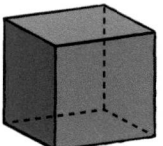

kiub
Kocka

putih

Bela

kuning

Rumena

oren

Oranžna

merah jambu

Rožnata

merah

Rdeča

ungu

Vijolična

biru

Modra

hijau

Zelena

coklat

Rjava

kelabu

Siva

hitam

Črna

banyak / sedikit

veliko / malo

marah / tenang

jezno / umirjeno

cantik / hodoh

lepo / grdo

bermula / tamat

začetek / konec

besar kecil

veliko / majhno

terang / gelap

svetlo / temno

abang / kakak

brat / sestra

bersih / kotor

čisto / umazano

lengkap / tidak lengkap

popolno / nepopolno

hari / malam

dan / noč

mati / hidup

mrtvo / živo

luas / sempit

široko / ozko

boleh dimakan / tidak boleh dimakan

užitno / neužitno

jahat / baik

zlobno / prijazno

teruja / bosan

vznemirjeno / zdolgočaseno

gemuk / kurus

debelo / vitko

pertama / terakhir

prvo / zadnje

kawan / musuh

prijatelj / sovražnik

penuh / kosong

polno / prazno

keras / lembut

trdo / mehko

berat / ringan

težko / lahko

lapar / dahaga

lakota / žeja

sakit / sihat

bolano / zdravo

menyalahi undang-undang / undang-undang

nezakonito / zakonito

pintar / bodoh

pametno / neumno

kiri / kanan

levo / desno

dekat / jauh

blizu / daleč

baru / lama

novo / rabljeno

tiada / sesuatu

nič / nekaj

tua / muda

staro / mlado

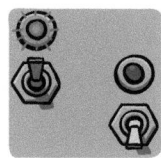

hidup / mati

vklopljeno / izklopljeno

terbuka / tertutup

odprto / zaprto

diam / bising

tiho / glasno

kaya / miskin

bogato / revno

betul / salah

prav / narobe

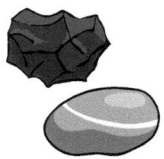

kasar / halus

grobo / gladko

sedih / gembira

žalostno / veselo

pendek / panjang

kratko / dolgo

lambat / laju

počasi / hitro

basah / kering

mokro / suho

panas / sejuk

toplo / hladno

berperang / berdamai

vojna / mir

0

sifar

Ničla

1

satu

Ena

2

dua

Dva

3

tiga

Tri

4

empat

Štiri

5

lima

Pet

6

enam

Šest

7

tujuh

Sedem

8

lapan

Osem

9

sembilan

Devet

10

sepuluh

Deset

11

sebelas

Enajst

12
dua belas

Dvanajst

13
tiga belas

Trinajst

14
empat belas

Štirinajst

15
lima belas

Petnajst

16
enam belas

Šestnajst

17
tujuh belas

Sedemnajst

18
lapan belas

Osemnajst

19
Sembilan belas

Devetnajst

20
dua puluh

Dvajset

100
ratus

Sto

1.000
ribu

Tisoč

1.000.000
juta

Milijon

Bahasa Inggeris

Angleščina

Bahasa Inggeris Amerika

Ameriška angleščina

Bahasa Cina Mandarin

Mandarinščina

Bahasa Hindi

Hindujščina

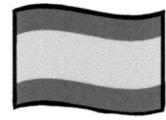

Bahasa Sepanyol

Španščina

Bahasa Perancis

Francoščina

Bahasa Arab

Arabščina

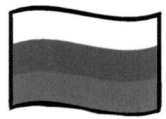

Bahasa Rusia

Ruščina

Bahasa Portugis

Portugalščina

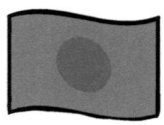

Bahasa Benggali

Bengalščina

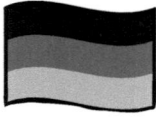

Bahasa Jerman

Nemščina

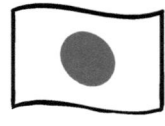

Bahasa Jepun

Japonščina

saya

Jaz

anda

Ti

dia / dia / ia

On / ona / tisto

kita

Mi

anda

Vi

mereka

Oni

siapa?

Kdo?

apa?

Kaj?

bagaimana?

Kako?

di mana?

Kje?

bila?

Kdaj?

nama

Ime

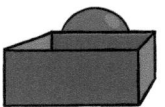

belakang

Zadaj

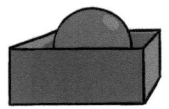

dalam

V

di hadapan

Pred

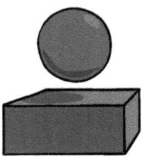

lebih

Nad

pada

Na

di bawah

Pod

bersebelahan

Poleg

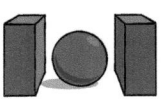

antara

Med

tempat

Kraj